BEI GRIN MACHT SICH IHR WISSEN BEZAHLT

- Wir veröffentlichen Ihre Hausarbeit,
  Bachelor- und Masterarbeit

- Ihr eigenes eBook und Buch -
  weltweit in allen wichtigen Shops

- Verdienen Sie an jedem Verkauf

**Jetzt bei www.GRIN.com hochladen
und kostenlos publizieren**

Qualitative Verfahren beim wissenschaftlichen Arbeiten

Saskia Haschke

Bibliografische Information der Deutschen Nationalbibliothek:

Die Deutsche Nationalbibliothek verzeichnet diese Publikation in der
Deutschen Nationalbibliografie; detaillierte bibliografische Daten sind
im Internet über http://dnb.d-nb.de abrufbar.

ISBN: 9783346800329
Dieses Buch ist auch als E-Book erhältlich.

Druck und Bindung: Books on Demand GmbH, Norderstedt Germany
Gedruckt auf säurefreiem Papier aus verantwortungsvollen Quellen

Das vorliegende Werk wurde sorgfältig erarbeitet. Dennoch
übernehmen Autoren und Verlag für die Richtigkeit von Angaben,
Hinweisen, Links und Ratschlägen sowie eventuelle Druckfehler keine
Haftung.

Das Buch bei GRIN: https://www.grin.com/document/1278530

Einsendeaufgabe

Wissenschaftliches Arbeiten (Vertiefung): Qualitative Verfahren

Abgegeben am: 14. Dezember 2018

Modul: Wissenschaftliches Arbeiten – Vertiefung (4. Semester)
Studiengang: Betriebswirtschaft und Management (B.A.)

von
Saskia Haschke

<u>Inhaltsverzeichnis</u>
(Alternative A)

Abbildungsverzeichnis

Aufgabe 1

A 1.1 Die Konzeption eines qualitativen Interviewleitfadens

Als Thema des qualitativen Interviewleitfadens wurde die "Markenpersönlichkeit" gewählt, die nicht nur von feststehenden Faktoren abhängt, wie z. B. dem Geschlecht, dem Alter oder dem Beruf einer Person, sondern die auch aufgrund der verschiedenen Persönlichkeitsmerkmale unterschiedlich ausfallen kann. Die Persönlichkeit eines Menschen lässt sich mit Hilfe des Fünf-Faktoren-Modells (auch "Big Five" genannt) gut beschreiben. Dieses Modell unterscheidet fünf Dimensionen der Persönlichkeit, die anhand verschiedener Indikatoren ermittelt werden können (Abbildung 1).[1]

Abbildung 1: Das Big-Five-Modell Persönlichkeitstypen

(Quelle: https://facetsoffacebook.wordpress.com/2015/09/03/facebook-sucht-bergen-facebook-addiction-scale-und-sucht-bei-studenten-selcuk-universitaet-tuerkei/ (abgerufen am 07.12.2018))

Extraversion: Es handelt sich hierbei um sehr extrovertierte, also ungehemmte Personen. Sie schöpfen ihre Kraft aus der Interaktion mit anderen Menschen und haben deshalb häufig ein großes Bedürfnis nach Aktivität, Gesellschaft und dem Kontakt zur Außenwelt.[2]

---

[1] Vgl. *Herzberg/Roth* (2014), S. 39-40; Vgl. *Little* (2015), S. 40-41
[2] Vgl. *123test B.V.* (2018); Vgl. *Asendorpf* (2015), S. 55; Vgl. *Herzberg/Roth* (2014), S. 41, 43; Vgl. *PEATS GmbH* (2016)

Offenheit: Zu dieser Dimension zählen Personen mit einem breiten Interessensspektrum. Sie probieren gerne neue Dinge aus und sind auch im Allgemeinen immer offen für Neues. Derartige Persönlichkeiten zeichnen sich in der Regel durch folgende Eigenschaften aus: sie sind einfallsreich, einfühlsam, phantasievoll, experimentierfreudig und wissbegierig.[3]

Neurotizismus: Menschen mit hohen Neurotizismuswerten sind oftmals emotional instabil, was sich durch Gefühlsschwankungen und negativen Emotionen bemerkbar machen kann. Diese Personen wirken nach außen hin meist launisch, angespannt, ängstlich, nervös, unsicher oder mutlos und sind demzufolge sehr empfänglich für Störungen und Probleme.[4]

Verträglichkeit: Dieser Persönlichkeitstyp ist sympathisch, hilfsbereit, mitfühlend und baut schnell Vertrauen auf. Deshalb kann es passieren, dass diese Personen von ihrem Umfeld häufig enttäuscht werden, da sie davon ausgehen, dass auch alle anderen dieselben Werte vertreten wie sie selbst. In kritischen Situationen ordnen sie sich demnach eher unter und stellen damit ihre eigenen Bedürfnisse in den Hintergrund.[5]

Gewissenhaftigkeit: Die Personen dieser Dimension sind organisiert, sorgfältig und zuverlässig. Sie planen sehr gerne und vor allem meistens lange im Voraus. Dieses Verhalten kann dann gelegentlich verbissen, stur oder zwanghaft wirken, da diese Persönlichkeiten von ihrem Umfeld häufig dieselbe Disziplin erwarten, die sie sich selbst abverlangen.[6]

Die Erläuterungen der Dimensionen beschreiben jeweils nur die Extreme. In der Praxis werden in der Regel Mittelwerte erhoben, aus denen man trotzdem eindeutig ableiten kann, zu welchem Persönlichkeitstyp ein Mensch tendiert bzw. zu welchen Dimensionen er neigt.[7]

---

[3] Vgl. *123test B.V.* (2018); Vgl. *Asendorpf* (2015), S. 55; Vgl. *Herzberg/Roth* (2014), S. 41, 43; Vgl. *PEATS GmbH* (2016)
[4] Vgl. *123test B.V.* (2018); Vgl. *Asendorpf* (2015), S. 55; Vgl. *Herzberg/Roth* (2014), S. 41, 43; Vgl. *PEATS GmbH* (2016)
[5] Vgl. *123test B.V.* (2018); Vgl. *Asendorpf* (2015), S. 55; Vgl. *Herzberg/Roth* (2014), S. 41, 43; Vgl. *PEATS GmbH* (2016)
[6] Vgl. *123test B.V.* (2018); Vgl. *Asendorpf* (2015), S. 55; Vgl. *Herzberg/Roth* (2014), S. 41, 43; Vgl. *PEATS GmbH* (2016)
[7] Vg. *Little* (2015), S. 41; Vgl. *PEATS GmbH* (2016)

Bevor das Interview zum Thema "Markenpersönlichkeit" nun durchgeführt werden kann, muss allerdings erst einmal die **Fallauswahl** geklärt werden, also die Personen bestimmt werden, die zum Thema befragt werden sollen. Im Gegensatz zur quantitativen Sozialforschung, bei der große Fallzahlen (Stichproben) benötigt werden, reichen bei der qualitativen Sozialforschung auch Einzelfälle aus.[8]

Das Interview wird im Rahmen eines Forschungsprojektes an der Universität durchgeführt und soll einen Überblick über die Ausprägung der Markenpersönlichkeit verschiedener Personen verschaffen sowie im Vorfeld aufgestellte Hypothesen überprüfen. Dazu können Kommilitonen, Mitarbeiter aus dem Studierendensekretariat, Professoren, Kollegen, Freunde und/oder Familienangehörige befragt werden. Darüber hinaus können auch noch weitere Personengruppen, denen man ab und zu oder täglich begegnet, mit hinzugenommen werden, um die Fallauswahl zu erweitern. Damit sind z. B. Mitarbeiter aus dem Fitnesscenter, dem Nagelstudio, der Bäckerei oder dem Supermarkt gemeint, die zwar nicht zu vertrauten oder bekannten Personen gehören, dafür aber noch weitere Personengruppen repräsentieren, die dementsprechend die erhobenen Daten und folglich auch die Ergebnisse aufwerten.

Der **Gesprächsort** muss bei diesem Interview keine speziellen Anforderungen erfüllen. Da der Leitfaden nur wenige Fragen enthält und deshalb die Interview-durchführung kaum Zeit beansprucht, kann die Befragung entweder direkt an Ort und Stelle durchgeführt werden, also in der Universität, im Supermarkt etc., oder man vereinbart einen Termin, zu dem man sich dann z. B. in einer Wohnung, einem Café o. ä. trifft.

Je nachdem, ob einem der Proband persönlich bekannt oder eher fremd ist, fällt die **Begrüßung und die Vorstellung des Interviewers** nur kurz bzw. weitaus detaillierter aus. In der Einleitung sollte vor allem darüber informiert werden, was der Sinn und Zweck des Interviews ist, wie viele Fragen und welche Fragenform der Leitfaden enthält sowie wie viel Zeit die Befragung ungefähr in Anspruch nehmen wird. Zudem sollte man sich in der Einleitung schon einmal

---

[8] Vgl. *Kruse* (2014), S. 241-242, 244

ganz herzlich für die Zeit und Mühe des Probanden bedanken. Des Weiteren ist in der heutigen Zeit der **Datenschutz** nicht zu vernachlässigen. Der Interviewte muss im Vorfeld darüber aufgeklärt werden, dass seine Daten und Angaben anonym erfasst und ausgewertet werden. Zur Absicherung seiner selbst und des Interviewers sollte dementsprechend nach dem Gespräch noch eine Einverständniserklärung vom Befragten unterzeichnet werden.[9]

Zu Beginn des Leitfadens werden nur die wirklich wichtigen persönlichen Daten des Probanden abgefragt (siehe Abbildung 2). Der vollständige Name ist für die Datenerhebung zum Thema "Markenpersönlichkeit" irrelevant, die Angabe des Geschlechts reicht vollkommen aus. Andere Angaben, wie das Alter und die aktuell ausgeübte Tätigkeit, sind jedoch sehr entscheidend. Da es in der späteren Befragung indirekt um den Konsum des Probanden geht, macht es natürlich einen großen Unterschied bei der Beantwortung der Fragen, ob der Interviewte ein Student, ein Bürokaufmann oder ein Ingenieur ist sowie ob der Befragte noch jugendlich ist oder schon einem älteren Semester zugeordnet werden kann. Für die Auswertung und die anschließende Ableitung von Hypothesen müssen diese Daten bzw. Angaben vorhanden sein.

Bei der Interviewform handelt es sich hierbei um ein **standardisiertes Interview**, was sich dadurch kennzeichnet, dass sowohl der Interviewer als auch der Interviewte nur wenig Spielraum haben. Der Leitfaden wird im Vorfeld exakt und sorgfältig konstruiert, weshalb die Fragen und Antwortmöglichkeiten meist schon ganz oder teilweise vorgegeben sind. Stimmungen des Interviewers oder des Befragten werden auf diese Art komplett ausgeblendet.[10]

Wie man im Leitfaden (Abbildungen 2 bis 4) erkennen kann, muss der Interviewer die einzelnen Fragen und Antwortmöglichkeiten nur der Reihe nach vorlesen und die erhaltenen Antworten entsprechend ankreuzen. Auf weitere Fragen oder Erläuterungen des Probanden muss nicht weiter eingegangen werden, wodurch die Datenerhebung als auch die spätere Auswertung des Interviews deutlich vereinfacht wird.

---

[9] Vgl. *Kruse* (2014), S. 262, 276-277; Vgl. *Reinhardt/Ornau* (2015), S. 43-44
[10] Vgl. *Reinhardt/Ornau* (2015), S. 12

Je nachdem welchen Zweck die Interviewergebnisse später erfüllen sollen, wählt man zwischen den verschiedenen **Frageformen** aus. In diesem Fall sollen die im Vorfeld aufgestellten Hypothesen mit Hilfe der Ergebnisse aus den Interviews überprüft werden. Hierfür eignen sich besonders geschlossene Fragen. Diese Frageform lässt dem Befragten keinen Raum seine Antworten eigenständig zu formulieren. Gerade deswegen sind die Fragen leichter zu beantworten, können demzufolge einfacher ausgewertet werden und lassen sich aufgrund der Einheitlichkeit besser vergleichen.[11]

Da die Markenpersönlichkeit einer Person letztendlich anhand der Beschreibung des Konsumverhaltens analysiert werden kann, muss mit **Frage 1** im Interviewleitfaden zuerst einmal geklärt werden, wie viel Geld der Proband monatlich zur freien Verfügung hat. Der angegebene Wert kann dann bei der Auswertung schließlich in ein vorgefertigtes Raster eingruppiert werden. **Frage 2** zielt auf das Fünf-Faktoren-Modell ab, welches bereits erläutert wurde. Der Proband soll sich mit dieser Frage selbst charakterisieren, sodass später bei der Auswertung herausgefunden werden kann, zu welchem oder welchen Persönlichkeitstyp(en) der Befragte tendiert und ob somit Rückschlüsse auf die Markenpersönlichkeit gezogen werden können. Eine Mehrfachnennung ist hierbei möglich. Um eine Tendenz herausfiltern zu können wurde keine gerade Anzahl als Indikatoren gewählt, sondern für jede Dimension jeweils fünf Stück zur Auswahl gestellt.
Frage 3 und Frage 11 sind vom Inhalt her identisch. Zu Beginn des Interviews macht es Sinn eine spontane Selbsteinschätzung des Probanden zur eigenen Markenpersönlichkeit zu erfahren. Der Abschluss mit Frage 11 soll zeigen, ob sich die Selbsteinschätzung des Befragten zum Thema "Markenpersönlichkeit", durch die intensive Auseinandersetzung mit dem Thema in den Fragen 4 bis 10, nun verändert hat oder gleich geblieben ist.
Selbstverständlich muss bei der Analyse der Markenpersönlichkeit auch herausgefunden werden, wofür der Proband sein frei zur Verfügung stehendes Geld monatlich ausgibt. Dies wird mit **Frage 4** aufgedeckt und so ermittelt, ob der Befragte sein Geld tatsächlich ausschließlich für den Konsum von Kleidung, Zigaretten o. ä. ausgibt, gegebenenfalls nur teilweise konsumiert oder

---

[11] Vgl. *Lüdders* (2016), S. 40; Vgl. *Reinhardt/Ornau* (2015), S. 23, Vgl. *Repetico GmbH* (o. J.)

möglicherweise doch lieber anderweitig investiert. Natürlich ist auch hierbei eine Mehrfachnennung möglich.

Die **Fragen 5 und 6** sollen nun hervorbringen, ob sich der Proband lieber für die Marke oder das No-Name-Produkt entscheidet. Zudem soll festgestellt werden, ob diese Entscheidung mit der persönlichen Einstellung zu Markenprodukten zu tun hat, auf die Menge des verfügbaren Geldes zurückzuführen ist, die Werbung Einfluss auf das Kaufverhalten hat oder ob einfach individuell je nach Produkt entschieden wird und sich der Befragte somit für das Produkt mit dem besseren Preis-Leistungs-Verhältnis entscheidet.

Mit **Frage 7** wird zum ersten Mal eine psychologische Komponente mit in das Interview gebracht. Da die meisten Menschen Markenartikel mit Luxus assoziieren, ist es keine weit her geholte Schlussfolgerung, dass die Entscheidung für den Kauf eines Markenproduktes damit zusammenhängen könnte, dass sich eine Person durch diesen Kauf ein gesteigertes Selbstwertgefühl erhofft.

Die **Fragen 8 bis 10** sollen zeigen, ob eine schwach bzw. stark ausgeprägte Markenpersönlichkeit des Probanden auf das persönliche Umfeld zurückzuführen ist. Zuerst wird gefragt, ob in der Erziehung viel Wert auf Markenprodukte gelegt wurde. Anschließend wird das heutige Umfeld, wie z. B. Freunde und Kollegen, und deren Markenpersönlichkeit beleuchtet. Mit Frage 10 betritt man noch einmal kritisches Terrain. Der Interviewte soll offenbaren, ob er sich vor seinem nahen Umfeld unwohl fühlen würde ein No-Name-Produkt zu kaufen. Wird diese Frage wirklich wahrheitsgemäß beantwortet, so drückt sie doch am ehesten die tatsächliche Ausprägung der Markenpersönlichkeit des Probanden aus.

Nachdem der Befragte in Frage 11, wie bereits erläutert, noch einmal seine Selbsteinschätzung zur eigenen Markenpersönlichkeit abgeben soll, folgt nun die **Beendigung** des Interviews. Zuerst bittet man noch den Probanden die Datenschutzerklärung zu unterzeichnen, bedankt sich danach erneut ganz herzlich für die Offenheit bei der Beantwortung der Fragen sowie für die investierte Zeit und verabschiedet sich abschließend höflich voneinander.[12]

---

[12] Vgl. *Kruse* (2014), S. 262, 279-280; Vgl. *Reinhardt/Ornau* (2015), S. 44

A 1.2 Der fertige Interviewleitfaden zum Thema "Markenpersönlichkeit"

Interviewleitfaden zum Thema "Markenpersönlichkeit"

Datum: _____

Name des Interviewers: _____

Ort des Interviews: _____

Geschlecht des Probanden: □ männlich   □ weiblich   □ divers

Geburtsjahr des Probanden: _____

Aktuelle Tätigkeit des Probanden: _____

Frage 1
Wie viel Geld haben Sie monatlich zur freien Verfügung (abzüglich der Lebensunterhaltungskosten und anderer laufender Kosten)?

□ gar keines
□ ca. _____ EUR

Frage 2
Welche der folgenden Persönlichkeitsmerkmale treffen auf Sie zu?
Wählen Sie nur die Eigenschaften aus, die zu 100% zutreffen.
(Mehrfachnennung möglich)

Extraversion:
□ gesprächig   □ kontaktfreudig
□ gesellig   □ aktiv / voller Tatendrang
□ Ihnen fällt es leicht aus sich heraus zu kommen

Offenheit:
□ immer offen für Neues   □ phantasievoll
□ neugierig / wissbegierig   □ experimentierfreudig
□ Sie haben viele Interessen

Neurotizismus:
□ launisch   □ unsicher
□ oft angespannt   □ ängstlich
□ Sie regen sich schnell auf

Verträglichkeit:
□ freundlich   □ hilfsbereit
□ mitfühlend   □ verständnisvoll
□ Sie bauen schnell Vertrauen auf

Gewissenhaftigkeit:
□ organisiert   □ zuverlässig
□ sorgfältig   □ ehrgeizig
□ Sie planen gerne im Voraus

Abbildung 2: Interviewleitfaden zum Thema "Markenpersönlichkeit" – Seite 1
(Quelle: Eigene Darstellung)

11

Frage 3
Ohne lange darüber nachzudenken:
Haben Sie eine starke
Markenpersönlichkeit?

☐ ja
☐ nein
☐ durchschnittlich

Frage 4
Wofür geben Sie monatlich ihr
frei zur Verfügung stehendes
Geld aus?
(Mehrfachnennung möglich)

☐ Sparen/Investieren
☐ Kleidung
☐ Freizeitaktivitäten/Unterhaltung/Kultur: Kino,
　Essen gehen, Museum, Diskothek etc.
☐ Reisen
☐ Sportaktivitäten
☐ Wohnung: Verschönerung, Haushaltsgeräte
☐ Zigaretten/Alkohol
☐ Spenden

Frage 5
Wählen Sie in der Regel
eher das Markenprodukt oder
das No-Name-Podukt?

☐ ich wähle immer das Markenprodukt
☐ ich wähle immer das No-Name-Produkt
☐ ich vergleiche Preis, Qualität, Inhaltsmenge o. ä.
　und entscheide dann

Frage 6
Für den Interviewer: je nach Beantwortung der
Frage 5, wählen Sie 6a, 6b oder 6c als Frage.
(Mehrfachnennung möglich)

a) Ich wähle immer das Markenprodukt,
　weil ...

☐ ich das Geld dazu habe
☐ ich die Qualität besser finde
☐ mich die Werbung überzeugt

b) Ich wähle immer das No-Name-Produkt,
　weil ...

☐ ich mir Markenprodukte nicht leisten kann
☐ die Qualität genauso gut ist wie bei Markenprodukten
☐ mich die Werbung überzeugt bzw. ich mich nicht
　von der Werbung großer Marken beeinflussen lasse

c) Ich vergleiche die Produkte und entscheide
dann, weil ...

☐ das Markenprodukt ist nicht automatisch gut und
　das No-Name-Produkt ist nicht automatisch schlecht
☐ mir bei jedem Produkt etwas anderes wichtig ist:
　manchmal entscheidet der Preis, manchmal die
　Qualität und manchmal die Inhaltsmenge

Abbildung 3: Interviewleitfaden zum Thema "Markenpersönlichkeit" – Seite 2
(Quelle: Eigene Darstellung)

Frage 7
Wenn ich ein Markenprodukt gekauft habe,
dann fühle ich mich als Person bei der
Nutzung dieses Produktes "hochwertiger",
als wenn es No-Name ist.

☐ ja, immer
☐ manchmal
☐ mein Empfinden bei der Nutzung hat nichts
   damit zu tun, ob das Produkt von einer
   Marke oder No-Name ist

Frage 8
In meiner Erziehung wurde schon immer sehr
viel Wert auf Markenprodukte gelegt.

☐ ja
☐ nein
☐ nur bei manchen Produkten: z. B. _____

Frage 9
In meinem Umfeld (Freunde, Kollegen etc.)
wird sehr viel Wert auf Markenprodukte
gelegt.

☐ ja, das machen alle
☐ nein, das macht keiner
☐ nicht alle Personen in meinem Umfled legen
   darauf Wert
☐ nur bei manchen Produkten: z. B. _____

Frage 10
Ich würde mich im Beisein einer bekannten
Person für das Markenprodukt erscheiden,
nur um nicht geizig zu wirken bzw. besser
dazustehen.

☐ ja, das mache ich immer so
☐ nein, andere Personen sind irrelevant für
   meine Produktauswahl
☐ kommt auf die Person an
☐ kommt auf das Produkt an: z. B. _____

Frage 11
Noch einmal zum Schluss - wie bewerten
Sie sich jetzt?
Ich habe eine starke Markenpersönlichkeit.

☐ ja
☐ nein
☐ durchschnittlich

Abbildung 4: Interviewleitfaden zum Thema "Markenpersönlichkeit" – Seite 3
(Quelle: Eigene Darstellung)

Aufgabe 2

A 2.1 Die Vor- und Nachteile einer telefonischen Befragung im Vergleich zu einem Face-to-Face-Interview

Jede Art der Daten- oder Informationserhebung, für empirische Markt- und Meinungsforschungen als auch in Bewerbungsprozessen o. ä., hat seine Vor- und Nachteile. Face-to-Face-Interviews sowie telefonische Befragungen werden meist von geschulten Interviewern durchgeführt, sodass auf unvorhergesehene Situationen, Aussagen, Fragen oder Kritik professionell reagiert werden kann.[13]

Ein klarer Vorteil von Telefonbefragungen ist die **Aktualität** der bezogenen Daten und Informationen, die **regionale Unabhängigkeit**, als auch die **Schnelligkeit** der Erhebung. Verfügt man über die Festnetz- oder Handynummer des zu Befragenden, kann man sofort zum Hörer greifen und die Kontaktperson anrufen. Ist die Person gerade erreichbar und hat Zeit, kann das Interview sofort durchgeführt werden, selbst wenn sich die Person nicht im nahen Umkreis aufhält. Anders ist es bei einem Gespräch Face-to-Face, dass terminiert werden muss, da beide Teilnehmer der Befragung zur gleichen Zeit am selben Ort sein müssen. Die Möglichkeit, das Interview sofort durchzuführen, besteht somit meist nicht. In der Regel kann der Austausch frühestens am darauf folgenden Tag stattfinden und verzögert dadurch die Daten- und Informationserhebung.[14]

Infolgedessen sind auch die unterschiedlich hohen **Kosten** der Befragungsarten nicht zu vernachlässigen. Selbstverständlich sind Telefonbefragungen sehr viel kostengünstiger als persönliche Interviews, da keine Reisekosten entstehen und keine besonderen Räumlichkeiten erforderlich sind. Des Weiteren ist üblicherweise nur ein Interviewer involviert und es wird insgesamt deutlich weniger Arbeitszeit benötigt. Zwar muss man sich auf ein Telefonat genauso vorbereiten wie auf ein persönliches Gespräch, jedoch ist die Vorbereitung bei einem Face-to-Face-Interview trotzdem intensiver, da es

---

[13] Vgl. *Deutsches Institut für Marketing – Telefonbefragung* (o. J.); Vgl. *Lüdders* (2016), S. 30
[14] Vgl. *Bänziger* (2009), S. 12; Vgl. *Deutsches Institut für Marketing – Telefonbefragung* (o. J.); Vgl. *Lüdders* (2016), S. 30-31; Vgl. *netwiss GesmbH* (2013); Vgl. *Reinhardt/Ornau* (2015), S. 26

z. B. in einem Vorstellungsgespräch einen kompetenteren Eindruck macht, wenn man den Werdegang des Bewerbers halbwegs im Kopf hat und nicht ständig die Tätigkeiten oder Qualifikationen im Lebenslauf suchen muss. Ähnlich ist es bei persönlichen Befragungen zur Datenerhebung, bei denen ein Fragenkatalog bearbeitet werden soll. Hierbei möchte man genauso Blickkontakt zum Befragten halten und nicht nur mit den Augen am Fragebogen verharren. Der Empfang sowie die einleitende Begrüßung des Gesprächs fallen bei einem Telefonat ebenso deutlich kürzer aus, als wenn man seinen Gesprächspartner persönlich kennenlernt. In der Gesamtheit sind demnach Telefoninterviews für ein Unternehmen immer kostengünstiger als persönlich geführte Interviews.[15]

Ein weiterer Vorteil der Telefonbefragung besteht darin, dass die Teilnehmer **Mimik**, **Gestik** und auch **das äußere Erscheinungsbild** der jeweils anderen Person nicht wahrnehmen können und es aus diesem Grund für einen erfolgreichen Dialog via Telefon vollkommen unbedeutend ist, ob derjenige gegenüber während des Telefonats im Raum auf- und abläuft, unruhige Gesten macht oder eine Jogginghose anstatt Businesskleidung getragen wird. Eine Telefonbefragung kann deshalb für Menschen, die im direkten Kontakt eher nervös werden, sogar befreiend sein und die sonst sehr förmliche Atmosphäre eines Interviews auflockern.[16]

Bei der Kommunikation über das Telefon handelt es sich allerdings um eine **eingeschränkte bzw. reduzierte Form der Kommunikation**. Der fehlende Blickkontakt reduziert die Präsentation des Interviewers, als auch des Interviewten, auf die Stimmkomponente und das persönliche Verhalten. Für Menschen mit einer ausgebildeten Körpersprache kann ein Telefoninterview somit auch einen Verlust bedeuten. Am Telefon verliert man den Bonus die jeweiligen Aussagen mit unterstützenden Gesten untermauern zu können. Im persönlichen Kontakt ist die Chance folglich höher einen ersten negativen Eindruck des Gesprächspartners wieder zu neutralisieren oder in ein positives Empfinden umzuwandeln.[17]

---

[15] Vgl. *Bänziger* (2009), S. 12; Vgl. *Deutsches Institut für Marketing – Telefonbefragung* (o. J.); Vgl. *Lüdders* (2016), S. 30-31; Vgl. *netwiss GesmbH* (2013)
[16] Vgl. *Höflich* (2016), S. 103-104; Vgl. *Hößl* (2015), S. 14-15; Vgl. *Karrierebibel – Inh. Jochen Mai* (o. J.); Vgl. *Lüdders* (2016), S. 29
[17] Vgl. *Höflich* (2016), S. 103-104; Vgl. *Hößl* (2015), S. 15-16; Vgl. *Karrierebibel – Inh. Jochen Mai* (o. J.)

Face-to-Face lässt sich eine Befragung zudem leichter **kontrollieren**, da man bei einem Telefonat nicht wirklich weiß, in welcher Situation sich die andere Person gerade befindet. Darüber hinaus kann man im persönlichen Gespräch **akustische oder visuelle Hilfsmittel** nutzen, wie beispielsweise Bilder, Videos oder Gegenstände.[18]

Außerdem erlauben der persönliche Kontakt und der größere Zeitrahmen **komplexere Befragungsabläufe** und offensichtliche Missverständnisse sowie von der Norm abweichende Antworten oder Fragen können ausführlicher besprochen werden.[19]

Jedoch ist die **geringere Anonymität** ein klarer Nachteil von Face-to-Face-Interviews, da sie ein Grund dafür sein kann, dass sich der Befragte nicht wirklich frei äußert, sondern sozial erwünschte Antworten gibt.[20]

A 2.2 Typische Einsatzfelder für Telefon- sowie für persönliche Befragungen (jeweils zwei Beispiele)

Face-to-Face-Interviews haben in der Marktforschung gegenüber telefonischen Befragungen in den letzten Jahren immer mehr an Bedeutung verloren. Dennoch gibt es nach wie vor viele Bereiche, in denen die persönliche Befragung bevorzugt genutzt wird, da sich mit ihr weiterhin die meisten Informationen einholen lassen.[21]

Persönliche Interviews werden dann vorwiegend angewandt, wenn **gerade erlebte Eindrücke**, wie z. B. nach Freizeitaktivitäten, bei Seminaren oder auf Messen, festgehalten werden sollen. Direkt im Anschluss weisen die daraus erhobenen Daten und Informationen die höchste Qualität und Aktualität auf.[22]

In der Marktforschung werden Face-to-Face-Interviews außerdem gerne für **Produkttests** eingesetzt, da hierbei das Aussehen, die haptische Wahrnehmung oder auch der Geruch entscheidende Kriterien für oder gegen ein Produkt sind, was sich über das Telefon nicht vermitteln lässt. Ebenso kann der Interviewer so am besten die direkte Wirkung des Produktes auf den

---

[18] Vgl. *Deutsches Institut für Marketing – Telefonbefragung* (o. J.); Vgl. *Lüdders* (2016), S. 29, 31; Vgl. *netwiss GesmbH* (2013)
[19] Vgl. *Deutsches Institut für Marketing – Telefonbefragung* (o. J.); Vgl. *Lüdders* (2016), S. 29; Vgl. *netwiss GesmbH* (2013)
[20] Vgl. *Deutsches Institut für Marketing – Telefonbefragung* (o. J.); Vgl. *netwiss GesmbH* (2013)
[21] Vgl. *Deutsches Institut für Marketing – Face-to-Face-Befragung* (o. J.)
[22] Vgl. *Deutsches Institut für Marketing – Face-to-Face-Befragung* (o. J.)

Probanden erfassen, wenn es zum ersten Mal gezeigt wird – auch dies ist telefonisch nicht möglich.[23]

„Grundsätzlich gilt: je tiefgehender die Erhebung auf persönliche Motive, Stimmungen abzielt, je mehr die Hintergründe und Ursachen von Entscheidungen, Verhalten und Meinungen interessieren, desto eher ist die persönliche Befragung als Erhebungsmethode [...] vorzuziehen."[24]

Telefoninterviews eignen sich hingegen vor allem dann, wenn von Personen nicht zu umfangreiche Informationen schnell erfasst werden sollen.[25] Ein typisches Einsatzfeld sind **Blitzumfragen**. In der Regel werden in diesem Fall nur wenige Fragen gestellt, die z. B. einem Unternehmen einen schnellen Überblick über Meinungen und Stimmungen von Kunden, Mitarbeitern o. ä. verschaffen sollen.[26]

Ein weiteres Einsatzfeld für Telefonbefragungen sind **Nachfassaktionen**, die häufig auch im Nachgang persönlicher Interviews stattfinden. Telefonische Nachbefragungen finden aber auch dann statt, wenn im Vorfeld ein Fragebogen verteilt oder versendet wurde, die Probanden diesen alleine ausfüllen sollten und nun im Anschluss manche Antworten noch einer Erklärung bedürfen oder Lücken, durch nicht beantwortete Fragen, bereinigt werden müssen.[27]

Mittlerweile hat im Besonderen das sogenannte **CATI-System** (Computer Added Telephone Interviewing) die telefonische Interviewführung noch zusätzlich erleichtert. Die Verbindung mit dem Probanden erfolgt über das Internet. Anschließend liest der Interviewer die Fragen einfach vom Bildschirm ab und erfasst die Antworten direkt am Computer. Die Qualität der dadurch erhobenen Daten ist sehr hoch, Filter und automatische Weiterleitungen bei entsprechender Beantwortung erleichtern die Datenerfassung und ein noch geringerer Zeitaufwand entsteht dadurch, dass die Daten nach Beendigung des Telefonats nicht erst noch in das System eingegeben werden müssen. Durch diese Entwicklung gewinnt die telefonische Befragung in den letzten Jahren vor allem in der Markt- und Sozialforschung immer mehr an Bedeutung.[28]

---

[23] Vgl. *Lüdders* (2016), S. 29, 37; Vgl. *SDI-Research* (o. J.)
[24] *SDI-Research* (o. J.)
[25] Vgl. *Reinhardt/Ornau* (2015), S. 25
[26] Vgl. *Lüdders* (2016), S. 37; Vgl. *Reinhardt/Ornau* (2015), S. 25
[27] Vgl. *Reinhardt/Ornau* (2015), S. 25
[28] Vgl. *Lüdders* (2016), S. 122; Vgl. *Reinhardt/Ornau* (2015), S. 25-26

Aufgabe 3

A 3.1 Was ist eine Inhaltsanalyse?

Vereinfacht gesagt analysiert eine Inhaltsanalyse "Kommunikation", wobei in diesem Fall mit dem Begriff "Kommunikation" die Übertragung von Symbolen durch Sprache, Bilder, Videos, Musik oder auch Gesten gemeint ist, also inhaltliche und formale Merkmale von Mitteilungen beschrieben werden sollen. Jede Inhaltsanalyse erfordert eine systematische Vorgehensweise und soll nach expliziten Regeln ablaufen, sodass sie auch im Anschluss von Unbeteiligten verstanden und überprüft werden kann.[29]

Der Unterschied zwischen einer quantitativen und einer qualitativen Inhaltsanalyse lässt sich anhand der erhobenen Daten differenzieren. Quantitative Daten sind in der Regel numerische Daten, also Zahlen, wohingegen qualitative Daten bedeutend vielfältiger sind, da es sich hierbei um Texte, Bilder, Filme, Audiodateien oder auch kulturelle Artefakte handeln kann.[30]

In den beiden folgenden Aufgabepunkten werden nun zwei Methoden der qualitativen Inhaltsanalyse vorgestellt, die in der Praxis besonders häufig angewandt werden.[31]

A 3.2 Der typische Verlauf einer inhaltlich strukturierenden qualitativen Inhaltsanalyse

Diese Variante der qualitativen Inhaltsanalyse hat sich bis heute in zahlreichen Forschungsprojekten bewährt und zeichnet sich durch eine starke Kategorienbildung aus. Um die bestehende Forschungsfrage zu klären, werden sieben aufeinanderfolgende Phasen durchlaufen (siehe Abbildung 5).[32]

---

[29] Vgl. *Früh* (2017), S. 29; Vgl. *Lamnek* (2005), S. 478, 723; Vgl. *Ornau* (2014), S. 11-12
[30] Vgl. *Ornau* (2014), S. 12
[31] Vgl. *Ornau* (2014), S. 33
[32] Vgl. *Ornau* (2014), S. 35

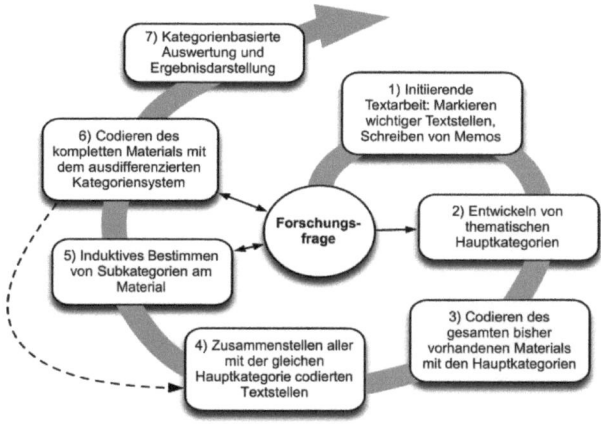

Abbildung 5: Ablaufschema einer inhaltlich strukturierenden qualitativen
Inhaltsanalyse
(Quelle: https://docplayer.org/78504187-Sozialarbeitende-in-der-politik.html
(abgerufen am 26.11.2018))

Phase 1:

Man beginnt mit dem sorgfältigen Durchlesen des Textmaterials und dem
Markieren von wichtigen bzw. entscheidenden Textpassagen. Zudem werden
An- und Bemerkungen notiert sowie Notizen geschrieben, um Auffälligkeiten
sichtbar zu machen. Phase eins endet mit einer ersten kurzen schriftlichen
Fallzusammenfassung.[33]

Phase 2:

In dieser Phase kommt es schon zur Kategorienbildung, also dem Aufteilen der
Textinhalte in Haupt- und Unterthemen. Es gibt keine Vorgabe wie viele
Themen man analytisch unterscheiden sollte, jedoch ist klar, dass sich die
Hauptthemen meist schon aus der Forschungsfrage ableiten lassen.[34]

Ebenso selbstverständlich ist, dass „(j)e mehr Textmaterial bearbeitet wurde,
„desto klarer wird der analytische Blick und desto deutlicher die Unterscheidung
zwischen bloß singulären Themen und solchen, die für die Analyse der
Forschungsfrage eine signifikante Bedeutung haben (können)."“[35]

---

[33] Vgl. *Ornau* (2014), S. 36
[34] Vgl. *Ornau* (2014), S. 36; Vgl. *Rössler* (2017), S. 101
[35] *Ornau* (2014), S. 37; Vgl. *Rössler* (2017), S. 101

Phase 3:

In dieser Phase findet der erste Codierungsprozess statt. Dafür geht man das gesamte Textmaterial Zeile für Zeile durch und teilt einzelne Abschnitte in Kategorien ein. Für die Forschungsfrage(n) nicht relevante Textpassagen bleiben dabei weiterhin uncodiert. Zudem ist es möglich, dass ein Textabschnitt mehreren Kategorien zugeordnet wird, wenn dieser z. B. mehrere Haupt- oder Subthemen behandelt.[36]

Da in einer späteren Phase ein zweiter Codierungsprozess stattfindet, sollten in Phase drei die Kategorien zunächst nicht sehr umfangreich gebildet werden und in einer engen Verbindung zu den Fragestellungen und Zielen des Projektes stehen. Außerdem werden im ersten Anlauf ganze Sinneinheiten codiert, die mindestens aus einem ganzen Satz bestehen sollten.[37]

Phase 4:

Nun werden alle mit der gleichen Hauptkategorie codierten Textstellen systematisch zusammengestellt, um sie in Phase fünf weiter zu bearbeiten.[38]

Phase 5:

Zu den sehr allgemeinen Hauptkategorien in Phase vier werden nun dementsprechend Subkategorien gebildet. Zuvor jedoch werden erst einmal alle mit der gleichen Kategorie codierten Textstellen in einer Liste oder Tabelle aufgeführt. Diesen Vorgang bezeichnet man als "Text-Retrieval". Anschließend folgen das unkoordinierte Zusammenstellen der Subkategorien und danach das Ordnen dieser Liste(n) wie auch das Zusammenfassen der Subkategorien.[39]

Phase 6:

Im zweiten Codierungsprozess werden die in Phase fünf verfeinerten Kategorien zum vertieften Codieren genutzt. Allerdings werden die bislang mit der Hauptkategorie codierten Textstellen, dieses Mal mit den entsprechenden Subkategorien codiert und demzufolge das gesamte Material noch einmal vollständig neu durchgearbeitet.[40]

In dieser Phase merkt man recht schnell, ob zuvor sorgfältig gearbeitet wurde oder die Bestimmung von Haupt- und Subkategorien an zu wenig Material durchgeführt wurde. Jedoch ist es in der jetzigen Phase noch weitgehend

---

[36] Vgl. *Ornau* (2014), S. 37; Vgl. *Rössler* (2017), S. 134
[37] Vgl. *Ornau* (2014), S. 38
[38] Vgl. *Ornau* (2014), S. 38
[39] Vgl. *Ornau* (2014), S. 38-39
[40] Vgl. *Ornau* (2014), S. 42

unproblematisch Anpassungen vorzunehmen und eventuell alternative oder zusätzliche Kategorien zu bestimmen.[41]

Überleitung zu Phase 7:

Beim Übergang von der sechsten in die siebte Phase sollte am besten ein kurzer Zwischenschritt eingebaut werden, nämlich das Erstellen von thematischen Fallzusammenfassungen. Gerade bei sehr umfangreichem Textmaterial soll dies die spätere Auswertung erleichtern. Es wird eine Themenmatrix erstellt, in der tabellarisch die Themen (Thema A, Thema B, Thema C usw.) aufgeführt werden. Dem gegenüber werden die Forschungs-teilnehmenden (Person 1, Person 2, Person 3 usw.) gestellt und in den Verbindungszellen die Textstellen erfasst, die Person 1 zum Thema A, Person 2 zum Thema A usw., im Textmaterial gefunden hat. Daraufhin erfolgt das Zusammentragen der Textstellen, die alle mit der entsprechenden Kategorie codiert wurden. Im Anschluss werden diese Textstellen wiederum in eigenen Worten von der jeweiligen Forschungsperson erfasst und schließlich noch einmal auf das Wesentliche reduziert.[42]

Da so eine fallbezogene thematische Zusammenfassung sehr lange dauern kann, sollte man sich nur auf die Themen beschränken, von denen man glaubt, dass sie für die Ergebnisanalyse auch wirklich relevant sind.[43]

Phase 7:

Schlussendlich erfolgen nun die Auswertung sowie die Ergebnisdarstellung der Analyse. Jedoch gibt es auch hierbei sieben verschiedene Auswertungsformen, die aus zeitlichen Gründen leider nicht erläutert werden können. Wichtig in dieser Phase ist aber vor allem, dass der komplette Auswertungsprozess im Ergebnisbericht dokumentiert wird.[44]

Zudem sollte:[45]

- die Arbeitsweise, inklusive der einzelnen Schritte, erläutert werden
- die Art und Weise der Kategorienbildung aufgezeigt werden
- die Codierungsregeln erklärt werden
- und zur Verdeutlichung der methodischen Vorgehensweise gegebenenfalls Beispiele aufgeführt werden.

---

[41] Vgl. *Ornau* (2014), S. 42
[42] Vgl. *Ornau* (2014), S. 42-43
[43] Vgl. *Ornau* (2014), S. 44
[44] Vgl. *Ornau* (2014), S. 44
[45] Vgl. *Ornau* (2014), S. 47

A 3.3 Der typische Verlauf einer evaluativen qualitativen Inhaltsanalyse

Diese Variante der qualitativen Inhaltsanalyse wird vor allem in der empirischen Forschung breitgefächert angewandt. Wie bei der im Vorfeld erläuterten inhaltlich strukturierenden qualitativen Inhaltsanalyse gibt es hierbei dieselben Hauptphasen: Textarbeit, Kategorienbildung, Codierung, Analyse sowie Ergebnisdarstellung. Jedoch unterscheiden sich die beiden Inhaltsanalysen bei der Kategorienbildung voneinander. In Abbildung 6 wird der Ablauf einer evaluativen qualitativen Inhaltsanalyse für eine einzelne bewertende Kategorie veranschaulicht. Sollen noch weitere Kategorien die Analyse unterstützen, so muss man auch für jede zusätzliche Kategorie die Phasen zwei bis fünf durchlaufen.[46]

Abb. 20. Ablauf einer evaluativen qualitativen Inhaltsanalyse in 7 Phasen

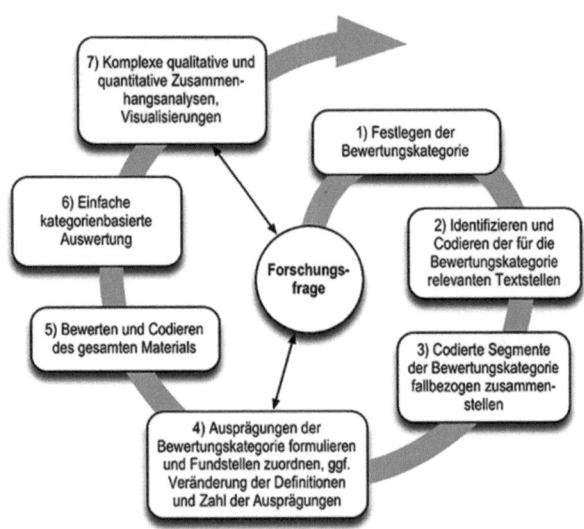

Abbildung 6: Ablauf einer evaluativen qualitativen Inhaltsanalyse in 7 Phasen
(Quelle: https://www.qualitativeinhaltsanalyse.de/methode.html (abgerufen am 27.11.2018))

---

[46] Vgl. *Ornau* (2014), S. 47-48

Phase 1:

Bei dieser Form der Inhaltsanalyse werden zuerst die Bewertungskategorien bestimmt. Wichtig hierbei ist, dass ein sehr starker und logischer Zusammenhang zwischen den Kategorien und der Art der Kategorien zur Forschungsfrage bestehen muss. Da die anschließende Codierung sehr viel Zeit beansprucht, sollten tatsächlich nur die Kategorien ausgewählt werden, die für die Forschungsfrage(n) wirklich bedeutsam sind.[47]

Phase 2:

Nun wird das gesamte Material durchgearbeitet und alle Textstellen codiert, die Informationen zu den ausgewählten Bewertungskategorien enthalten. Wie bereits vorab angedeutet, wird dieser Arbeitsschritt für jede relevante Kategorie von neuem ausgearbeitet.[48]

Phase 3:

Diese Phase beinhaltet eine kategorienbasierte Auswertung, die als Ausgangspunkt für die Phasen vier und fünf dienen soll. Dafür werden von jeder Forschungsperson separat alle Textstellen, die mit einer betreffenden Kategorie codiert wurden, in einer Liste oder Tabelle erfasst.[49]

Phase 4:

Grundsätzliches Ziel einer evaluativen qualitativen Inhaltsanalyse ist es, am Ende zu einer Bewertung des gesamten Textes zu kommen. Aus diesem Grund soll der Differenzierungsgrad der Ausprägungen einer Bewertungskategorie bestimmt werden. Hierfür ist es wichtig eine hinreichende Anzahl von Fundstellen zu lesen. Anschließend kann man anhand drei verschiedener Ausprägungen den Grad der Differenziertheit einer Bewertungskategorie ermitteln. Es wird zwischen einer hohen Ausprägung, einer niedrigen Ausprägung sowie einer nicht zu klassifizierenden Ausprägung der Kategorie unterschieden. Bei der evaluativen qualitativen Inhaltsanalyse ist vor allem die dritte Ausprägung (die Nichtklassifizierbarkeit) wichtig, da die vorhandenen Informationen manchmal nicht ausreichen, um die von einer Forschungsperson ermittelten Textstellen, hinsichtlich einer bestimmten Kategorie, nur einer entsprechenden Ausprägung zuverlässig zuordnen zu können.[50]

---

[47] Vgl. *Ornau* (2014), S. 49
[48] Vgl. *Ornau* (2014), S. 49
[49] Vgl. *Ornau* (2014), S. 50
[50] Vgl. *Ornau* (2014), S. 50

Unter Umständen kann es durch diese Arbeitsweise auch zu Veränderungen der Ausprägungsdefinitionen und/oder der Anzahl der Ausprägungen kommen. Ist die Anzahl der Fundstellen überschaubar, sollte man in dieser Phase auch direkt eine Gesamteinschätzung des kompletten Textes vornehmen.[51]

Phase 5:

Nun wird das gesamte Material hinsichtlich der relevanten Kategorie(n) bewertet und entsprechend codiert. Dies bedeutet, dass die Ausprägung jeder Textpassage, der jeweiligen Kategorie, eingeschätzt und die Zuordnung dementsprechend vermerkt wird. Kann ein Textabschnitt mehreren Ausprägungen zugeordnet werden, dann wird schlussendlich trotzdem nur eine Ausprägung ausgewählt und genauer erläutert, warum die Entscheidung auf diese Ausprägung fiel. In Phase fünf sollte zudem bereits darauf geachtet werden gute Beispiele zusammenzutragen, um den Ergebnisbericht am Ende der Analyse damit zu stützen. Des Weiteren kann es sinnvoll sein, die Ausprägungen weiter zu präzisieren, wodurch aber wahrscheinlich von neuem bewertet und codiert werden muss.[52]

Phase 6:

Auch bei der evaluativen qualitativen Inhaltsanalyse gibt es sieben verschiedene Formen der Auswertung, die sich durch den immer höher werdenden Komplexitätsgrad voneinander unterscheiden. Wie bei der inhaltlich strukturierenden qualitativen Inhaltsanalyse kann hier ebenfalls aus zeitlichen Gründen keine ausführliche Erläuterung vorgenommen werden.[53]

Kurz zusammengefasst verläuft der Auswertungsprozess bei dem evaluativen Analyseverfahren wie folgt:[54]

- die gebildeten Kategorien sowie deren Theoriebezug werden dargestellt
- die Kategorienbildung als auch die Kategorien selbst, inklusive der verwendeten Ausprägungen und deren inhaltlichen Bedeutung, werden beschrieben
- und die Ergebnisse werden zum besseren Verständnis je nach Auswertungsform anhand von Matrizen, Tabellen, Listen oder Diagrammen dargestellt.

---

[51] Vgl. *Ornau* (2014), S. 50
[52] Vgl. *Ornau* (2014), S. 54
[53] Vgl. *Ornau* (2014), S. 54
[54] Vgl. *Ornau* (2014), S. 54-58

Phase 7:

Nachdem in Phase sechs die Veranschaulichung der Ergebnisse bezüglich einzelner Kategorien stattfand, beendet Phase sieben nun diese Inhaltsanalyse mit komplexeren Schlussfolgerungen, wie z. B. der Untersuchung konkreter Zusammenhänge, deren Ergebnisse dann meist in Form von Kreuztabellen präsentiert werden.[55]

A 3.4 Die wichtigsten Unterschiede beider Analysemethoden

Das evaluative Analyseverfahren hat im Gegensatz zur inhaltlich strukturierenden qualitativen Inhaltsanalyse eine sehr viel stärkere interpretative Ausrichtung, da es sich eher ganzheitlich orientiert. Dies kann man daran erkennen, dass in der Regel keine einzelnen Textstellen bewertet werden, sondern dass mehr die Gesamtheit eines Falls betrachtet wird. Demzufolge werden die Forschungspersonen bei der Klassifizierung und Bewertung im evaluativen Verfahren auch mehr gefordert, als es beim inhaltlich strukturierenden Analyseverfahren der Fall ist. Des Weiteren lässt sich ein Unterschied bei den Kategorien der jeweiligen Analysemethoden ausmachen. Die Kategorien der evaluativen qualitativen Inhaltsanalyse sind eher großflächiger angelegt, wohingegen die inhaltlich strukturierende qualitative Inhaltsanalyse viele Haupt- und Subkategorien bildet.[56]

Das inhaltlich qualitative Verfahren eignet sich vor allem dann, wenn die Analyse primär auf Beschreibungen ausgelegt ist. Das evaluative Verfahren hingegen sollte man dann anwenden, wenn theorieorientiert gearbeitet werden soll.[57]

---

[55] Vgl. *Ornau* (2014), S. 54, 56
[56] Vgl. *Ornau* (2014), S. 59
[57] Vgl. *Ornau* (2014), S. 59

Literaturverzeichnis

Bücher:

Asendorpf, J. (2015), Persönlichkeitspsychologie für Bachelor, 3. Auflage, Berlin/Heidelberg.

Bänziger, A. (2009), Telefonbefragung als intersubjektiver Aushandlungsprozess, 1. Auflage, Baden-Baden.

Früh, W. (2017), Inhaltsanalyse, 9. Auflage, Konstanz/München.

Herzberg, Ph./Roth, M. (2014), Persönlichkeitspsychologie, 1. Auflage, Wiesbaden.

Höflich, J. (2016), Der Mensch und seine Medien – Mediatisierte interpersonale Kommunikation. Eine Einführung, 1. Auflage, Wiesbaden.

Hößl, A. (2015), Überzeugend und erfolgreich am Telefon, 1. Auflage, München.

Kruse, J. (2014), Qualitative Interviewforschung – Ein integrativer Ansatz, 1. Auflage, Weinheim/Basel.

Lamnek, S. (2005), Qualitative Sozialforschung, 4. Auflage, Weinheim/Basel.

Little, B. (2015), Mein Ich, die anderen und wir – Die Psychologie der Persönlichkeit und die Kunst des Wohlbefindens, 1. Auflage, Berlin/Heidelberg.

Lüdders, L. (2016), Fragebogen- und Leitfadenkonstruktion – Ein Handbuch für Studium und Berufspraxis, 1. Auflage, Bremen.

Rössler, P. (2017), Inhaltsanalyse, 3. Auflage, Konstanz/München.

Studienbriefe:

Ornau, F. (2014), Inhaltsanalyse, 1. Auflage, Studienbrief der SRH Fernhochschule, Riedlingen.

Reinhardt, R./Ornau, F. (2015), Interviewtechnik, 2. Auflage, Studienbrief der SRH Fernhochschule, Riedlingen.

Artikel aus dem Internet:

123test B.V. (2018): Das Persönlichkeitsmodell der Big Five, https://www.123test.de/Das-Pers%C3%B6nlichkeitsmodell-der-Big-Five/, abgerufen am 07.12.2018.

Deutsches Institut für Marketing (o. J.): Face-to-Face-Befragung, https://www.marketinginstitut.biz/blog/face-to-face-befragung/, abgerufen am 22.11.2018.

Deutsches Institut für Marketing (o. J.): Telefonbefragung, https://www.marketinginstitut.biz/blog/telefonbefragung/, abgerufen am 20.11.2018.

Karrierebibel – Inh. Jochen Mai (o. J.): Telefoninterview: Tipps und typische Fragen, https://karrierebibel.de/telefoninterview-vorstellungsgesprach-tipps-fragen/, abgerufen am 21.11.2018.

netwiss GesmbH (2013): Persönliche Befragung (Face to face), http://www.abschlussarbeit.at/index.php/sitemap.html?id=48, abgerufen am 20.11.2018.

PEATS GmbH (2016): Big Five – die Persönlichkeit in fünf Dimensionen, https://peats.de/article/big-five-die-personlichkeit-in-funf-dimensionen, abgerufen am 07.12.2018.

Repetico GmbH (o. J.): Sozialwissenschaftliche Methodenlehre, https://www.repetico.de/card-16565402, abgerufen am 10.12.2018.

SDI-Research (o. J.): Persönliche Befragungen – CAPI und P&P Marktforschung, https://www.sdi-research.at/forschung/ marktforschung/umfragen.html, abgerufen am 23.11.2018.

BEI GRIN MACHT SICH IHR WISSEN BEZAHLT

- Wir veröffentlichen Ihre Hausarbeit,
  Bachelor- und Masterarbeit

- Ihr eigenes eBook und Buch -
  weltweit in allen wichtigen Shops

- Verdienen Sie an jedem Verkauf

Jetzt bei www.GRIN.com hochladen und kostenlos publizieren